Perguntas Quiz inconvenientes sobre política geral

Autor: Roberto da Silva Rocha

Este livro faz 500 perguntas para os iniciados que pretendem discutir a política moderna e contemporânea, porque nada do acontece agora começou a poucos anos, as raízes da estrutura do poder e da arquitetura mundial política estão articulados nas ideias de pensadores que já morreram há mais de dois séculos, cujos cadáveres continuam a arquitetar a nova ordem mundial não tão nova, que desde sempre é a conquista do poder mundial.

São os pensadores Quesnay, o piloto das ideias de laisse faire e o comunista mor Karl o judeu radical que definiu a limitação da propriedade privada e limitou a capacidade econômica individual baseada na exclusão do egoísmo do pensamento e comportamento pessoal.

Estas pesadas utopias se juntam às visões do cristianismo sem Cristo que nasceu e morreu judeu que pelas mãos de Pedro, Paulo e de Constantino criaram uma variante do pensamento budista trazido pelos filósofos gregos com as novas ideias de ressureição, existência da alma humana e da vida depois da morte.

Deste sincretismo nasceu o pensamento ocidental baseado na ideia de castigo e recompensa para punir o premiar o comportamento.

Os atos humanos são irreversíveis, portanto, arrependimento, punição e perdão não voltam no tempo para apagar, consertar ou evitar que as coisas que foram ditas ou executadas nunca serão apagadas, compensadas nem corrigidas. Todos os atos são definitivos, e não podem ser refeitos nem compensados, uma morte é definitiva, assim como uma palavra pronunciada não pode voltar para a boca, e mil desmentidos irão revogar e desfazer o que foi dito.

O Ocidente mergulhou nessas crenças que são apenas proposições e delírios entre o bem e o mal, a partir de princípios sobre o que é justo e injusto, então a noção de justiça fica sendo apenas um plebiscito da opinião pública, que depois da invenção das redes sociais ficaram entregues nas cabeças dos influencers psicopatas e despreparados intelectualmente.

1 - Por quê há guerra na Ucrânia?

2 – Como começou a guerra na Ucrânia?

3 – Quem é Volodimir Zelensky?

4 – Quem é Putin?

5 – O que é Maidam?

6 – Quem é Yanukovych?

7 – Como Zelensky chegou ao governo da Ucrânia?

8 – Como Yanukovych deixou o governo da Ucrânia?

9 – Porque a Rússia invadiu Crimeia?

10 – Como Dombass, Luhansk e Donetsk se afastaram da Ucrânia?

11 – O que é a OTAN?

12 – Quantos países formam a OTAN?

13 – Quantas bases militares os EUA possuem no mundo? E exclusivamente na Europa?

14 – Qual a base militar americana mais antiga na Europa?

15 – Porque o Japão não pertence a OTAN?

16 – Porque os EUA são inimigos da Rússia?

17 – Desde quando os EUA vetaram e sansionaram o gasoduto Nordstream II?

18 – De quantas guerras participou os EUA desde 1779?

19 – Qual o gasto anual dos EUA com as suas forças armadas?

20 – Porque os EUA bloquearam Cuba?

21 – Porque os EUA invadiram o Vietnam, Laos,

Camboja, Tailândia?

22 – Porque os EUA entraram na guerra da Coreia?

23 - Porque os talibãs destruíram as torres WTC em

11 set 2001?

24 – Como surgiu Bin Laden?

25 – Porque o Afeganistão foi invadido pelos EUA e

não a terra do Talibã Bin Laden a Arábia Saudita?

26 – O que são petrodólares?

27- Quando o dólar dos EUA se tornou a moeda

internacional?

28 – O que são sansões econômicas unilaterais?

29 – Os bloqueios econômicos, político, midiático e humanitário dos EUA contra Irã, Cuba, Coreia do Norte, Rússia, Afeganistão são legais?

30 – Porque os EUA vetaram as compras do sistema de radares e foguetes e mísseis antiaéreos Russos Triumph S400 pela Turquia e Índia?

31 - Porque os EUA vetaram a compra de aviões caças Sukhoy fabricados na Rússia pela força aérea do México, Argélia, Turquia, Emirados Árabes Unidos, Indonésia, Brasil, Arábia Saudita?

32 – Porque os EUA sancionaram a Venezuela?

33 – Porque os EUA perseguem Assange e o Wikileaks?

34 – Porque Snowden fugiu dos EUA?

35 – Que modelo de democracia defende o governo dos EUA? Quantos são os modelos de democracia existentes e quais as formas de governos democráticos possíveis no mundo atual?

36 – O que significa defesa dos direitos humanos para a cultura norte americana? Inclui direitos iguais para os: chicanos, hispânicos, afros, índios, asiáticos e centro americanos não brancos?

37 – O que é o aquecimento global? Existe?

38 – Porque os EUA não elegem seu presidente da federação diretamente pelo voto dos eleitores?

39 – Quantos tipos de green card ou degraus de cidadania existe nos EUA?

40 – Há quantos anos os EUA não estão em guerra contra algum estado?

41 – Os EUA foram derrotados na guerra no Vietnam?

42 – Os EUA saíram derrotados na guerra do Afeganistão?

43 – Os EUA saíram derrotados na guerra da Coreia?

44 – Os EUA encontraram as fábricas de armas de destruição em massa no Iraque que provocou a invasão e destruição do Estado do Iraque?

45 - Porque o Estado de Israel não é proibido de produzir armas nucleares?

46 – Como foi criado o Estado de Israel?

47 – Como foi estabelecida a paz entre Israel e Egito?

48 – As colinas de Golã pertencem ao Estado de Israel?

49 – Porque os EUA redigiram e outorgaram a constituição democrática e Imperial do Japão?

50 – Porque os soldados americanos em territórios estrangeiros não respondem pelos crimes cometidos perante as leis dos países onde estão presentemente estabelecidos?

51 – Porque o governo dos EUA trocou armas por cocaína na Nicarágua no governo de Presidente Nixon?

52 – Porque o governo dos EUA pediu que a Venezuela pudesse produzir petróleo que eles proibiram a qualquer país de importar da Venezuela?

53 – Porque o governo dos EUA pediu que o Irã pudesse produzir petróleo que eles proibiram a qualquer país de importar do Irã?

54 – Porque os EUA possuem uma base militar alugada em Cuba no lugarejo chamado Guantánamo sem o consentimento de Cuba?

55 – Porque os EUA ocupam 65 bases militares no Japão e 47 bases militares na Alemanha desde a segunda guerra mundial sem o consentimento destes países?

56 –Porque a OTAN não protegeu a Ucrânia da invasão Russa de Criméia e do país?

57 – Porque as guerras da OTAN são limpas, não provocam dor e destruição em massa desumanitárias, suas bombas inteligentes somente

atingem instalações militares, poupando instalações de infraestrutura civil que poderiam prejudicar as populações e matar inocentes?

58 – O que é o gás de Xisto?

59 – Qual a capacidade de transporte de um navio gaseiro?

60 – Se os EUA produzem 11 milhões de barris de petróleo diários, porque 660 mil barris diários importados da Rússia fizeram os preços da gasolina nos EUA passar de 2,76 para 7,499 dólares?

61 – Porque a Arábia Saudita, o Kuwait, os Emirados Árabes Unidos se recusam a produzir o petróleo que a Rússia deixou de exportar?

62 – Porque os países vencedores da segunda guerra mundial aceitaram trocar a libra esterlina

como moeda de troca mundial pelo dólar norte americano na conferência de Bretton Woods?

63 – Porque os EUA ofereceram o dólar como moeda confiável para o comércio mundial com a garantia de toneladas de ouro para os dólares implementados no sistema financeiro mundial?

64 – Porque o governo dos EUA abandonou o modelo de garantia do ouro no governo de Nixon quebrando o contrato estabelecido com o mundo em Bretton Woods?

65 – O que é petrodólares?

66 – Qual o mecanismo financeiro e político que garantiu a moeda de curso internacional dólar americano ser lastreado pelo petróleo da Arábia Saudita em lugar do ouro de Fort Knox?

67 – O que é o Banco Mundial?

68 - O que é o FMI?

69 – Porque os EUA proibiram a França de entregar os dois navios de desembarque Mistral construídos para a Rússia?

70 – Porque os EUA alugaram as espaçonaves russas Soyus para servirem de transporte dos astronautas norte americanos para a estação espacial internacional ISS?

71 – Porque fracassaram as naves do tipo ônibus espacial Challenger e Colúmbia no sistema espacial norte americano?

72 – Porque os foguetes norte americanos utilizaram motores de foguete comprados da Rússia?

73 – Porque os caças stealth F35 Lightnning fabricados pela Lockhead Martin dos EUA utilizam nos modelos B compressores fabricados na Rússia e com tecnologia comprada da Rússia para a decolagem e pouso na vertical adquiridos da empresa russa Yakolev?

74 – Porque o Brasil mesmo sendo vencedor da concorrência mundial na Arábia Saudita para vender tanques de guerra fabricados no Brasil pela ENGESA foram proibidos e vetados pelos EUA?

75 – Porque os aviões da EMBRAER Tucanos mesmo tendo vencida a licitação para aeronave leve tática de combate para força aérea norte americana nunca foi adquirida para fazer parte da força aérea USAF em solo norte americano?

76 – Quando foi autorizada pela ONU a invasão de Iraque pelos EUA em 1994?

77 – Quando foi autorizada a invasão pelos EUA OTAN da Síria pela ONU?

78 – Quando foi autorizada pela ONU a invasão da ex Yugoslávia pela OTAN ?

79 – Quantas vezes a Assembleia Geral da ONU votou e decidiu pelo fim do bloqueio à Cuba?

80 – É verdade que a ONU nunca resolveu ou proibiu qualquer país de produzir sua própria bomba nuclear?

81 – Porque as salvaguardas internacionais sobre armas nucleares não se aplicam aos EUA?

82 – Porque os EUA precisam de 455 bases militares nucleares na Europa?

83 – Como que a Alemanha nazista se tornou a aliada mais importante dos EUA e fundadora da OTAN?

84 – Como a URSS de aliada e amiga dos EUA na segunda guerra mundial se tornou o inimigo do munda Ocidental?

85 – Porque o EUA comemora o dia da vitória na segunda guerra mundial no dia 6 de junho de 1944 que foi o dia de desembarque dos americanos e ingleses nas praias da Normandia na França, quando a guerra terminou no dia 1 de maio de 1945 com as tropas da URSS chegaram sozinhas em Berlim, a capital da Alemanha e no quartel general de Hitler?

86 – Mesmo tendo decifrado as criptografias dos japoneses antes de iniciada a guerra contra o Japão, porque os norte americanos não avisaram as suas tropas no Havai sobre o ataque surpresa japonês em Pearl Harbour?

87 – Como o comando das tropas americanas no Vietnam com quase 500 mil soldados, e durante onze anos conseguiu lidar com o consumo de maconha sem nunca identificar o tráfico de maconha, os traficantes, nem o caixa bilionário de venda de maconha durante toda a guerra do Vietnam?

88 – Porque o presidente dos EUA Ronald Reagan ordenou que a CIA trocasse cocaína por armas para

ajudar os Contras a derrubar o governo socialista da Nicarágua?

89 – Porque o piloto Garry Powers derrubado por míssil soviético que abateu seu avião espião U2 Lockhead espionando a URSS no dia internacional do trabalho este piloto desobedeceu suas instruções de não ser capturado e não tomou a sua cápsula de veneno de cianureto, e preferiu ser ignorado pela CIA durante sua prisão na URSS?

90 – Porque ou por qual motivo ou quais razões os norte americanos se convenceram e se declararam vencedores da corrida espacial? A corrida espacial tinha uma meta determinada?

91 – Porque ou por qual motivo ou quais razões os norte americanos se convenceram e se declararam

vencedores da guerra fria? Como se ganha uma guerra sem lutar?

92 – O que foi a guerra fria?

93 - O que eram os voos da morte com os bombardeiros B52 Stratofortress durante a guerra fria?

94 – Porque so secretário de Estado Roberto Mac Namara criou a filosofia estratégica da MAD Mutual Assured Destruction Destruição Mutuamente Assegurada?

95 – Como foi resolvida a crise dos mísseis nucleares soviéticos instalados em Cuba em 1962?

96 – Qual o motivo da política externa errática norte americana, que foi aliado do Irã, depois tentou invadir o Irã, no episódio Irãs contra?

97 – Qual o motivo da política externa errática norte americana, que foi aliada de Sadan Hussein contra Kwait e depois se voltou contra Sadan Hussein?

98 – Qual o motivo da política externa errática norte americana, que foi aliada de Cuba antes de 1961 e depois se voltou contra Fidel Castro?

99 – Qual o motivo da política externa errática norte americana que foi aliada de Bin Laden no Afeganistão contra os russos se voltar mais tarde contra o Afeganistão contra Bin Laden?

100 – Qual o motivo da política externa errática norte americana que foi adversária do Egito financiar o Egito a rearmar-se depois das guerras dos seis dias e da guerra do Yom Kippur contra os judeus?

101 – Qual foi o motivo para a Otan EUA destruírem completamente a Yugoslávia na guerra dos Bálcãs sem a autorização do conselho de segurança da ONU nem a autorização de sua Assembleia Geral?

102 – Qual a alternativa da Rússia para não invadir a Ucrânia, ou a Crimeia, caso a OTAN se instalasse na Ucrânia com mísseis nucleares americanos, com sistema de defesa antimísseis americanos instalados na Ucrânia, com portos em Odessa e no mar de Azov recebendo a frota da OTAN, com os aviões da OTAN fazendo voos com drones RQ 400 e AWACS a 12 km da fronteira da Rússia, com as 450 incursões aéreas anuais dos aviões da OTAN, e com a patrulha dos destroiers classe Arleight Burke com 115 mísseis de cruzeiro patrulhando o mar

negro em regime de revezamento permanentemente o Mediterrâneo?

103 – Porque Fidel Castro que nunca leu O Capital de Karl Marx nem era comunista quando desceu a Sierra Maestra contra o ditador corrupto Fulgêncio Batista acabou se aliando a comunista URSS e abandonado pelos EUA que incentivaram a revolução cubana no início dela?

104 – Porque um general americano, o general Douglas Mc Arthur, redigiu a constituição em vigor até hoje no Japão?

105 – Porque a cidade de Berlim que estava no lado do setor soviético, foi dividida por um muro mesmo violando o acordo de divisão da Alemanha em três setores: o setor americano e Britânico, onde ficou a

Alemanha Ocidental, e o setor soviético onde ficou a Alemanha Oriental e Berlim?

106 – Porque o governo dos EUA negou que o piloto Garry Powers que pilotava o avião espião U2 estava espionando a URSS, e disse que o piloto se perdeu e que era uma aeronave meteorológica inocente?

107 – Porque os EUA proibiram o Brasil de constituir um acordo nuclear para desenvolver a energia atômica com Alemanha no governo Geisel?

108 – Porque o governo Geisel denunciou o acordo militar com os EUA?

109 – Porque os EUA impedem qualquer país de inspecionar os restos dos naufrágios dos navios da marinha mercante brasileira supostamente afundados por torpedos na costa brasileira que

forçaram o Brasil a declarar guerra contra a Alemanha?

110 – Porque o primeiro personagem herói de estórias em quadrinhos foi o Capitão América?

111 – Quem criou o personagem Tio Sam, e qual o seu propósito?

112 – Quais as distinções funcionais entre cripto moedas e moedas virtuais?

113 – Porque os EUA já vinham sancionando a Rússia com bloqueios contra o gasoduto que leva gás desde as regiões produtoras da Sibéria até a Alemanha muito antes da invasão da Crimeia?

114 – Quais são os negócios com gasodutos que saem da Rússia e que passam pela Ucrânia que levaram os filhos de Biden a serem empresários na

própria Ucrânia e que foram denunciados por Donald Trump?

115 – Todos os gasodutos juntos saindo da Rússia levam 210 bilhões de metros cúbicos de gás para fora da Rússia por ano, sendo que um navio consegue transferir a cada viagem 100 mil metros cúbicos de gás seriam necessários 4 milhões de viagens de navios gaseiros para substituir todos os gasodutos da Rússia, ou 16 milhões de viagens por ano. Existe alternativa aos gasodutos?

116 – Porque os EUA querem substituir o gás do Xisto produzido nos EUA pelo gás Russo muito mais barato e entregue em quantidades que os navios gaseiros teriam que realizar com 16 milhões de

viagens por ano para substituir todos os gasodutos partindo da Rússia?

117 - Porque mesmo durante a segunda grande guerra mundial a URSS continuava vendendo petróleo para os nazistas alemães enquanto atacavam a URSS?

118 – Porque os nazistas ucranianos que se ofereceram para combater ao lado dos soldados nazistas alemães e foram recusados pelos alemães?

119 – Porque os norte-americanos fazem guerra, invasão, ataques a algum país do mundo há 222 anos com apenas oito anos sem uma invasão ou ataque a algum país segundo o Instituto Norueguês de Pesquisa para a Paz SIPRI?

120 – Porque a Grécia é citada como o criador da democracia quando os políticos gregos não eram eleitos, não havia partidos políticos, para participar da política tinha que ter uma renda mínima, não podia ser escravo nem estrangeiro, nem mulher nem menor, portanto apenas 20% da população poderia participar disso que chamam democracia direta?

121 – Porque o Estado e o governo é citado como o culpado da existência de pobres e da pobreza na população pelos comunistas e socialistas?

122 – Como o governo pode eliminar a pobreza da população?

123 – Porque é da responsabilidade do governo a felicidade da população?

124 – Como o governo elimina a pobreza da população?

125 – Quem paga o governo, ou de onde vem toda a riqueza do governo?

126 – Porque o mundo todo adotou o sistema métrico decimal e os EUA continuam a nos confundir com medidas medievais como pés de altura nos aviões, galões de gasolina nos automóveis, libras de peso dos alimentos, polegadas nos parafusos e ferramentas, nós e milhas nos navios, milhas por hora para confundir os guardas rodoviários, então se o sistema internacional de pesos e medidas foi adotado porque o país mais importante do mundo vive na contramão?

127 – Como funciona o SWIFT?

128 – O que é block chain da criptomoeda?

129 – O que é mineração da criptomoeda?

130 – A criptomoeda pode deixar rastros?

131 – Com pode se fugir do sistema Swift

132 – Quem ajuda e protege a Coreia do Norte de uma invasão ou ataque norte-americano?

133 – Porque a República Popular da China não invade Taiwan?

134 – Qual o significado da indústria cibernética de Taiwan para o comércio internacional?

135 – Qual a importância da colônia de Hong Kong para a política da guerra fria?

136 – Qual foi a falha na execução do plano de reengenharia social do presidente Bush para formatar uma democracia capitalista não-islâmica no Iraque?

137 – A reengenharia social para americanizar o Iraque de Saddan Hussein era baseada na destruição dos costumes de cultura islâmica utilizando das drogas, prostituição e do álcool ou foi tudo fake?

138 – Porque o presidente Bush demorou 100 dias para obter a autorização do Congresso dos EUA para invadir o Iraque?

139 – A guerra do Iraque alcançou todos os objetivos prometidos pelo presidente Walter Bush?

140 – Porque a religião islã é indestrutível? Alguma religião desapareceu da humanidade? Uma vez criada nenhuma religião desaparece mais?

141 – Como as religiões foram deslocalizadas de seu território e de sua etnia?

142 – Como o dólar se saiu como arma de guerra e de dissuasão, deixando de ser uma simples ferramenta internacional de troca de riquezas no comércio e nas relações internacionais?

143 – Qual a culpa dos EUA na destituição do dólar como moeda de comércio principal internacional após o conflito entre Ucrânia e Rússia?

144 – Porque a OTAN jamais adotou formalmente a Ucrânia em seus quadros apesar de ser um novo

membro tacitamente da OTAN com todos os compromissos e deveres de membro?

145 – Porque a OTAN se viu impedida de intervir para salvaguardar um de seus membros no caso da guerra da Ucrânia coma Rússia?

146 – A partir de qual situação o presidente Volodimir Zelensky percebeu que a OTAN o abandonou no campo de batalha?

147 – Porque as armas nucleares nunca mais foram utilizadas em guerras?

148 – O que iniciou a crise dos mísseis em Cuba em 1962?

149 – Porque se passaram mais de 50 anos para o mundo descobrir que foi enganado com o desfecho conhecido, porém equivocado, encenado, do recuo

soviético com a retirada dos mísseis de Cuba pelo bloqueio naval encenado pela marinha dos EUA?

150 – Qual o papel de Hollywood na campanha de modificação da imagem do departamento de Estado dos EUA na mudança do enfoque do slogan América para os Americanos, para o slogan Aliança para o Progresso com o Presidente norte-americano John Kennedy?

151 – Quem produziu a ideia do herói em quadrinhos Capitão América?

152 – Com políticas e atos de governo democrático de John Kennedy como: a integração antirracista forçada entre negros e brancos em ônibus, aviões, escolas, hospitais, repartições públicas, lugares públicos; sua amante que John Kennedy dividia com

o chefão da Máfia, Merlyn Monroe; com a crise dos mísseis em Cuba; com a conspiração da tentativa de invasão de Baía dos Porcos em Cuba; com a interferência nas insurreições nas ditaduras no Brasil anti João Goulart, Argentina anti Péron, caçada ao Che Guevara em Bolívia; John Kennedy foi assassinado em plena luz do dia, numa ousadia inexplicável, evidenciando uma conspiração muito bem planejada nos mínimos detalhes? Ela jamais será esclarecida?

153 – Quando começou a era do capitalismo no Ocidente?

154 – A ausência do comunismo, e do feudalismo significa necessariamente o estabelecimento do capitalismo?

155 – O capitalismo é ausência de socialismo, colonialismo?

156 – O capitalismo é uma continuação do mercantilismo?

157 – O fim do feudalismo iniciou a era capitalista?

158 – A burguesia da Idade Média construiu as bases do sistema capitalista?

159 – Existia condições para a continuação do sistema feudal mesmo depois de 998 anos de existência?

160 – As ideias sobre socialismo pertencem à pré sociedade humana dos velhos matriarcados anteriores à civilização organizada e sedentária?

161 – Quem veio primeiro: a sedentarização, a agricultura, ou o matriarcado na pré civilização humana?

162 – A primeira sociedade humana pré civilização se organizou em torno da maternidade responsável ou foi em torno da fogueira e do abrigo das cavernas?

163 – Como se aglutinou a primeira família em torno do primeiro casal que se reconheceu como pais do herdeiro biológico uma vez que a noção de sexo reprodutivo só foi reconhecida a menos de seis mil anos apenas?

164 – Como surgiu a primeira noção de uma reunião de pessoas em tribo, e depois em uma nação e depois em países?

165 – Mesmo depois de constituir a noção de países para pessoas em um mesmo território, nunca se conseguiu constituir a noção de humanidade?

166 – Com que base se constrói a ideia de ideologia seja ideologia econômica, ideologia racial ou étnica, ou ideologia nacionalista, ou ideologia de classe social, ou ideologia religiosa, ou ideologia de monarquia e realeza, enfim o que determina a ideologia como um conjunto de regras e expectativas de comportamento social, econômico e político?

167 – Como pode um sujeito sair do seu mundo egoísta e solipsista e estabelecer relações sociais de alteridade com associação com o outro estranho, ou próximo, ou parente, ou dependente, ou

agregado, ou relacionado por empresa, religião ou contrato?

168 – Como se criou a ideia de contrato entre pessoas autônomas onde alguns tipo de alienação de direitos são adjudicados em benefício recíproco com a concordância mútua e a expectativa de confiança de cumprimento das estipulações contratuais?

169 – No mundo contratualista as regras sociais invisíveis tem força real de coação para manter as pessoas dentro das regras e expectativas?

170 – Um mínimo de coesão social é necessário para evitar a pulverização das forças de coesão social capaz de manterem os laços sociais

minimamente, ou as leis são suficientes e necessárias para isso?

171 – Todo o peso das leis foi necessário e suficiente para manter a ordem social?

172 – Como surgiu a ideia de se estabelecer uma lei para todos os cidadãos pertencentes a uma identidade social e política dentro de um território delimitado?

173 – Como surgiu o sentimento e conceito de nação dentro de um agrupamento de tribos como por exemplo, os milhares de tribos nas Américas do Sul e do Norte que ao contrário dos Maias, Astecas e Incas, nunca perceberam a ideia de constituição de uma nação de tribos reunidas e unificadas?

174 – Porque existem tantos tipos de democracias: as diretas, as indiretas, as parlamentaristas, as monarquistas, as socialistas, as social democracias, presidencialistas?

175 – Porque o poder do parlamento é totalmente coletivo, fragmentado, redundante e dividido paritariamente entre os partidos?

176 – Porque uma comissão parlamentar pode ter poder terminativo sobre uma resolução de projeto de lei?

177 – Como os parlamentos do mundo inteiro chegaram ao formado colegiado e participativo multifiliado, multidisciplinar ?

178 – Quem tem poder no parlamento e como ele é dividido e compartilhado entre todos os partidos?

179 – Como foi a transformação dos partidos políticos de agremiações de lordes e proprietários de glebas para a representação indireta dos eleitores?

180 – Como os eleitores representam toda a população através do direito de votar sobre aqueles que não podem participar como eleitores na população?

181 – Como os parlamentares representam os interesses indiretamente dos seus eleitores se os votos são secretos e os políticos nunca podem saber quais pessoas votaram neles?

182 – Como os eleitores podem ser responsabilizados pelas escolhas dos políticos se os políticos eleitos não sabem qual eleitor votou nele

por causa do voto secreto, portanto sem representação e sem procuração explícita da vontade do eleitor individual?

183 – Sem representação não existe taxação. O que quer dizer este princípio da legislação fiscal dos EUA?

184 – Qual a representatividade na democracia se os parlamentares eleitos não podem conhecer cada eleitor que deu seu voto por causa do voto secreto?

185 – Com se estabelece o laço de ligação entre os políticos eleitos se o eleitor sempre é anônimo e nunca pode ser identificado como eleitor do político?

186 - Se o voto é secreto não existe compromisso direto entre as promessas de campanha e o voto secreto anônimo que recebeu de cada eleitor?

187 – Existe democracia perfeita em algum país do mundo?

188 – Se as formas de democracia são tão diversas se pode pensar em uma forma de democracia absoluta?

189 - Porque existe tantas formas diversas de democracia? Para que servem os modelos de democracia e como surgiram?

190 – Quantos bombardeiros B52 stratofortress dos EUA durante a guerra fria participaram dos voos da morte sobrevoando em regime de prontidão de 24 hs as fronteiras aéreas da URSS carregando cada um deles 4 bombas nucleares?

191 – Quando se iniciaram os voos da morte dos bombardeiros B52 stratofortress dos EUA durante a

guerra fria e quando foram suspensos tais voos transportando cada aeronave 4 bombas nucleares?

192 – Porque todos os sistemas parlamentares do mundo onde funciona esse aparato burocrático é a prova de dominação e de influência dos outros poderes inclusive das manifestações populares?

193 – De quantas sessões precisa um projeto tramitando parlamento para ser colocado em votação no primeiro turno de apreciação pelo plenário parlamentar em regime de votação ordinário?

194 – Qual a função da liderança dos partidos no encaminhamento dos projetos para agenda das sessões deliberativas?

195 – Como funcionam as comissões parlamentares ordinárias?

196 - Como funcionam as comissões parlamentares simples de inquérito?

197 – O que é comissão mista parlamentar de inquérito?

198 – Quais as competências originárias e a jurisdição das comissões parlamentares de inquérito?

199 – Quais as competências da mesa diretora da Câmara federal dos deputados?

200 – Como é a composição da mesa diretora da Câmara dos Deputados Federal?

201 – Quais as principais comissões parlamentares não temáticas?

202 – Quem pode fazer um projeto substitutivo?

203 – O que votação qualificada?

204 – O que é uma sessão ordinária?

205 – Para que serve a convenção partidária?

206 – O que é uma eleição majoritária?

207 – O que é uma votação proporcional?

208 – Qual a função, prerrogativas, obrigações e privilégios, e a competência legal dos suplentes parlamentares?

209 – Como é feita a distribuição dos cargos da mesa diretora da Câmara Federal dos Deputados?

210 – O que é a representação das minorias parlamentares no Congresso Nacional, na Câmara Federal e no Senado Federal?

211 – Em que ano surgiu o feminismo?

212 – Quem fundou o movimento feminista?

213 – Em que momento o feminismo passou a ser um ativo político?

214 - Qual foi o primeiro país que introduziu o feminismo em sua agenda política?

214 – Qual foi o primeiro país a criminalizar os machistas?

215 – Quando se formou a ideologia feminista?

216 – Quando e como os progressistas sequestraram a luta dos excluídos em sua agenda set política?

217 – A guerra de minorias e a militância ecológica é o substituto estratégico da luta de classes marxista?

218 – A prostituição faz parte da agenda feminina, faz 6 séculos, porque nunca fez parte da cultura masculina a prática de vender sexo para as mulheres?

219 – O pagamento do dote matrimonial é uma forma de vender o sexo consentido familiar?

220 – Porque a mulher se prostitui institucionalmente e socialmente e o homem raramente se prostitui?

221 – Como o movimento feminista destaca a relação de poder da vagina em relação ao mercado financeiro gerado pela prostituição feminina?

222 – Porque depois de tantas revoluções, tantas eras econômicas, tantas mudanças históricas a prostituição ainda sobrevive inclusive ao feminismo e a inclusão social da mulher liberada no mercado de trabalho?

223 – O que leva a mulher ao mercado de trabalho da prostituição?

224 – Porque as prostitutas comercializam seu próprio corpo a despeito das conquistas feministas e do empoderamento feminino libertário?

225 – Porque as mulheres continuam a oferecer seu corpo à exposição pública com peças de roupas extremamente excitantes e provocantes sexualmente mesmo diante dos discursos libertários contra a mercantilização do corpo feminino?

226 – Porque nesses cinco séculos onde homens e mulheres saíram em condições de zero liberdade igualados como servos sem direitos nos feudos da Idade Média, e superaram a escravidão africana espalhada pelo mundo que nunca discriminou escravo macho da escrava fêmea, então a narrativa da bolha feminista jamais considerou os mesmos tratamentos às vezes mais pesado para os escravos homens na lavoura e das mulheres na cozinha, então a cozinha se transformou em símbolo de tortura e opressão masculina do feminismo. Porque?

227 – Qual o fundamento histórico de que o homem chamado machista é responsável pela total indolência feminina que a tornou uma coadjuvante e expectadora apática e invisível da história da

humanidade, sem nada para mostrar em avanços para a civilização?

228 – Karl Marx construiu a luta de classes entre a oprimida classe trabalhadora sob o dominação econômica e exploração assimétrica da mais valia obtida do excesso de trabalho mal remunerado dos trabalhadores explorados do campo e da cidade através da alienação dos meios de produção, mas, Marx distinguiu homens das mulheres nesse processo de exploração da mão de obra pelo critério de gênero? Isso iguala homens e mulheres no sistema capitalista? De que maneira a agenda feminista se enquadra no esquema marxista de exploração indiscriminada da mão de obra de homens e de mulheres dentro da ideologia de gênero feminista?

229 – Quantos países do mundo sofreram sansões e bloqueios econômicos extremos vindos dos EUA por causa de pretensas violações de direitos humanos, ao mesmo tempo em que ditaduras violentas dos países aliados eram ignoradas pelas mesmas visões assimétricas sobre garantias de direitos dos cidadãos, como os países Árabes da OPEP?

230 – Desde a Segunda Guerra Mundial os EUA trocam amigos por inimigos, e transformam velhos inimigos em novos amigos, invadem países e chamam de ocupação para proteger interesses externos, isso faz parte da contradição imanente da política americana?

231 – A OTAN possui 455 bases em toda a Europa, em todos os países membros da OTAN, porque a OTAN não possui qualquer número base nos EUA?

232 – Os EUA possuem tropas estacionadas em todos os países da OTAN, porque não estão tropas da OTAN estacionadas também nos EUA?

233 – Com 119 bases militares no Japão, e sendo o Japão o país no mundo com mais estrangeiros vindos dos EUA, então, porque o Japão não faz parte da OTAN?

234 – Porque o Japão até os dias de hoje não mudou ou trocou a constituição japonesa escrita pelo general norte americano Douglas Mc Arthur desde o fim da rendição japonesa na segunda guerra Mundial?

235 – Porque Japão e Alemanha são proibidos até hoje pelos aliados da segunda grande guerra mundial, EUA, França, Grã-Bretanha e Rússia, de fabricarem armamento pesado e mísseis?

236 – Com a suspensão do fornecimento de gás pelos gasodutos com capacidade de transferência de 513 bilhões de metros cúbicos de gás por ano, pela Rússia, serão necessários 533 mil navios gaseiros de 100 mil metros cúbicos de gás. Quantas viagens cada navio gaseiro precisará realizar por ano para substituir os gasodutos russos?

237 – Porque os habitantes do país mais rico do mundo, rico, protestante, branco, com a maior força militar do mundo, consumindo 40% de toda energia elétrica produzida no mundo, consumindo 25% de

todo o petróleo do mundo, consumindo metade da água potável do mundo, os EUA, é a população que mais consome calmantes, Viagra, barbitúricos, remédios, cigarros, bebidas alcoólicas e 70% da cocaína consumida no mundo?

238 – Porque toda a população do Canadá reside a menos de 240 quilômetros da fronteira dos EUA?

239 – Porque todos os estados dos EUA que foram ocupados pelos colonos americanos que pertenciam ao México, como Texas, Flórida, Colorado, Califórnia, Arkansas, Geórgia, Carolina do Norte e Carolina do Sul ainda possuem a língua espanhola como primeira língua oficial?

240 – Porque a população afro descendente dos EUA continua em queda do crescimento vegetativo

demográfico, estacionando em 13% do total, mas ocupa 70% da população cada vez mais crescente das penitenciárias dos EUA?

241 – Porque os EUA são procurados por migrantes que somente buscam apenas enriquecer materialmente, ou para estudarem, nunca procuram os EUA para apreciar a sua cultura, ou a gastronomia, ou a arquitetura, ou as artes americanas porque são inexpressivas para o mundo?

242 – Qual o escultor famoso dos EUA reconhecido no mundo com obras nos museus mais importantes?

243 – Qual o prato da culinária dos EUA conhecido e reconhecido no mundo inteiro?

244 – As pessoas são presas por motivos incidentalmente oblíquos pela justiça americana, como Al Capone e Wilhelm Reich presos por pendência com o imposto de renda federal, Al Capone produzia bebidas ilegais, e Reich fazia pesquisas sobre o orgasmo, isso é uma prática eticamente aceitável e defensável moralmente para a sociedade julgar e condenar pelos crimes que não foram acostados aos autos do processo?

245 – As pessoas são punidas por motivos oblíquos pela sociedade política americana, como a imprensa de corrente republicana condenou o presidente Bill Clinton por causa de uma denúncia de prática libidinosa com uma estagiária no salão oval da Casa Branca, mas o verdadeiro motivo atrapalhar sua

reeleição para mais um mandato para a Casa Branca, um boquete é uma conduta muito grave?

246 – A cultura política típica das eleições americanas parece obcecada pela temática sexual, isso é puro "sexismo" ou a razão oculta é apenas a falta de um diferencial concreto que possa ser usado para distinção entre democratas e republicanos, ou, democranos e republicatas por serem tão parecidos ideologicamente e programaticamente?

247 – Quando a OPEP foi criada como eram os controles sobre a produção mundial de petróleo pela pressão das demandas políticas do Ocidente?

248 – Porque ao criar a OTAN o Pentágono e os franceses receberam todos os ex nazistas para serem participantes sem nenhuma restrição?

Ocidente é comemorado como o primeiro dia da invasão das praias da Normandia e não no dia da derrota nazista?

249 – Porque o dia da vitória, 6/6/1944, no dia da rendição dos Nazistas em Berlim, em 1/5/1945, quando se encerrou todas as atividades militares dos Alemães nazistas na segunda grande guerra mundial?

250 – Qual a relação entre o gigantesco derrame de dólares através do Plano Marshall na Europa para a recuperação econômica depois da Segunda Grande Guerra Mundial, e a imposição do dólar como moeda mundial currency board na conferência de Bretton Woods, uma vez que foi debatido o DES

Direito Especial de Saques formado por uma cesta de moedas fortes?

251- Os direitos humanos e políticos dos cidadãos norte americanos nativos e nascidos no território dos EUA são os mesmos para negros e brancos?

252 – Porque existe na fala dos jornais e mídias e inclusive em documentos oficiais e na Constituição dos EUA as expressões: afro-americano, hispano-americano, asiático-americano, judeu-americano, ítalo-americano, mas não existem as expressões ali como Teuto-americano, anglo-americano?

253 – Quando começou a operação Anaconda da OTAN EUA Pentágono que previa o cercamento da Rússia e aliados com a asfixia estratégica com

bases de mísseis de interceptação antibalísticos nas fronteiras a Oeste da Rússia?

254 – Qual a participação dos 33 laboratórios de manipulação de vírus e microorganismos secretos e clandestinos dos EUA em território ucraniano no projeto de guerra biológica dos EUA?

255 – Porque os EUA mantinham ou mantém uma rede mundial de 330 laboratórios secretos e clandestinos de preparação de vírus e microorganismos letais espalhados entre países de legislação dúbia e relaxada para esse tipo de pesquisas?

256 – Porque motivo o projeto tecnológico mais caro da História dos EUA o avião stealth F35 Lightning II continua em produção contínua regular apesar de

não ter sido oficialmente aceito nos testes de qualificação e homologação do Pentágono com cerca de 847 pendências de mau funcionamento?

257 – O que aconteceu com as partes da fuselagem e de engenharia dos modelos do F35 lightning II que deixaram de ser produzidos na Turquia por causa da ruptura unilateral dos contratos de fornecimento de parte dos EUA em represália à aquisição pela Turquia do modelo Triumph S400 de fabricação Russa?

258 – Porque o transportador do transbordador espacial Ex soviético Buran, o aparelho Antonov 225 da ex URSS ficou em território ucraniano a serviço do governo da Ucrânia?

259 – Quando o ex técnico de informática do EUA Snowden que trabalhava pra projetos secretos do Pentágono fugiu dos EUA e hoje vive na Rússia com asilado político?

260 – Quando o fundador do site Wikileaks Assange fugiu da extradição pela justiça americana sob acusação de estupro de uma prostituta na Suécia porque se recusou segundo a prostituta a transar usando camisinha de vênus com ela?

261 – Porque a justiça americana usa de acusações transversais incidentais para prender e perseguir inimigos políticos e religiosos ao invés de fazer a acusação direta organizando uma complexa disjunção objetiva no processo incidental oblíqua

para desviar do verdadeiro objetivo legal pretendido?

262 – Porque pessoa física estrangeira não pode deixar por herança em testamento os imóveis de sua propriedade nos EUA para pessoa física herdeira?

263 – Para ser mais inclusiva em seu esforço de democracia da diversidade sexual as forças armadas dos USA teve que diminuir os padrões de parâmetros e indicadores físicos e intelectuais, emocionais e mentais para inclusão das mulheres e outros gêneros que não o masculino, então isso enfraqueceu as forças armadas americanas, ou as tarefas nas forças armadas são segregacionistas de gênero?

264 – Qual o percentual de mulheres nas forças armadas nos EUA, e o percentual de diversidade sexual nas linhas de frente das forças armadas dos EUA do tipo trans masculino?

265 – Durante quantos anos a indústria espacial norte americana importou motores de foguetes produzidos na Rússia, do tipo hipergólicos?

266 – Qual o volume de motores de foguetes hipergólicos que os EUA dependem de importação anual da Rússia para manter o seu programa de pesquisa e utilização da estação espacial internacional ISS?

267 – Qual o percentual de tecnologia da estação espacial internacional ISS que pertence ou teve origem na engenharia Russa e ex soviética?

268 – Quantas missões espaciais foram precisas para se construir no espaço as ISS estação Espacial Internacional e qual a participação proporcional em toneladas da Rússia?

269 – Quantos astronautas e cientistas russos já permaneceram na estação espacial internacional?

270 – Quantas horas de permanência na estação espacial os representantes da Rússia possuem na estação espacial internacional ISS?

271 – De que modo é compartilhado o espaço na estação espacial internacional entre os EUA e a Rússia atualmente?

272 – Qual a língua oficial usada no programa espacial da estação espacial internacional ISS?

273 – Quais as informações que são compartilhadas entre todas as equipes de países que compartilham da estação espacial internacional ISS atualmente?

274 – Qual a percentagem de astronautas do gênero declarado feminino já visitou a estação espacial internacional ISS?

275 – Qual a periodicidade para a retirada de detritos sólidos e líquidos produzido pela atividade da estação espacial internacional ISS?

276 – De onde surgiu a ideia de construção de uma estação espacial internacional multinacional e multi específica?

277 – Onde é possível obter os relatórios de atividade científica da estação espacial internacional para acompanhar a agenda de atividades científicas

e os programas desenvolvidos e os progressos realizados?

278 – Porque na estação espacial internacional existe um número destacado de câmeras fotográficas e de vídeo à disposição dos tripulantes da ISS?

279 – Qual o pior acidente ou incidente que já aconteceu na estação espacial internacional ISS desde a sua construção e utilização?

280 – Já aconteceu alguma situação de emergência que poderia causar a evacuação instantânea e o resgate dos cientistas na ISS estação espacial internacional?

281 – Qual o animal que já foi levado para a estação espacial internacional ISS para ser objeto de estudos científicos e de observação?

282 – Quais objetos pessoais podem ser trazidos pelos astronautas da estação espacial internacional ISS pelas administrações espaciais dos operadores principais os EUA e a Rússia?

283 – Quantos anos a estação espacial internacional está em operação contínua desde que foi oficialmente homologada para receber seus visitantes?

284 – Quais as modificações e as condições especiais para a estação espacial internacional ISS precisou para se adaptar aos espaçonautas de sexo feminino?

285 – O relógio na estação espacial internacional que marca a passagem do tempo é sincronizado com o relógio que marca o tempo na estação de rastreamento em terra?

286 – A humanidade esperou cerca de 6500 anos de civilização organizada e sedentária após a constituição das primeiras cidades e comunidades para estabelecerem as gramáticas, as ciências de conhecimento, a religião e por fim a era da filosofia com a participação ínfima quase inexistente da mulher gênero feminino, por quanto tempo a civilização atual pode esperar para que a mulher saia do discurso e demonstre que pode se igualar aos feitos masculinos na civilização em todos os setores, intelectual, religioso, filosófico, artístico, cultural e heurístico?

287 – O que significa teoria política moderna, de que trata essa teoria em geral nos seus tópicos fundamentais?

288 – O que significa teoria política contemporânea, de que trata essa escola de teoria em geral em seus tópicos fundamentais?

289 – O que é o escopo da teoria política clássica, de que forma esta concepção trata a atividade e estudo de política?

290 – O que é para a concepção na prática de Karl Marx o conceito de ditadura do proletariado?

291- o que é o constructo retórico em que se baseia o argumento de Proudhom de que toda propriedade privada é um roubo?

292 – Qual a concepção marxista de mais valia no modo de produção do chamado capitalismo?

293 – O que significa a concepção marxista de proletário?

294 – O que significa a concepção ontológica do conceito marxista de lúmpem do proletariado?

295 – Com o marxismo determina ã expropriação dos bens materiais da burguesia dominante?

296 – Qual o conceito marxista de burguesia capitalista?

297 – O que significa a alienação dos meios de produção na ortodoxia marxista?

298 – Qual a finalidade de diferenciação entre a definição de capitalismo, comunismo e socialismo?

299 – Como os pensadores distinguem o social-democracia, de liberal-socialismo, do socialismo-cristâo, nacional-socialismo, socialismo-sindical, socialismo parlamentarista? de que maneira estes significados se identificam com o Estado democrático?

300 – O que é totalitarismo de Estado? É o mesmo que ditadura?

301 – O que é democracia? Significa o mesmo para esquerda e para a direita?

302 – O que foi a democracia clássica dos gregos dos filósofos há 2500 anos?

303 – O que foi a república romana, que tipo de regime político e de estado representava?

304 – O que foi a democracia republicana romana no império romano secular?

305 – O que é capitalismo de estado?

306 – O que é comiterialismo no estado democrático direto?

307 – O que é democracia direta?

308 – O que é o participacionismo plebiscitário?

309 – O que é administração pública política participativa?

310 – O que é sistema de governo?

311- O   que é Estado nacional?

312 – Como funciona um parlamento em geral, quais seus mecanismos de controle externo?

313 – Como funciona o sistema de checks and balances?

314 – O que é a repartição ou a partição dos poderes?

315 – O que é assistencialismo de Estado?

316 – O que são políticas sociais compensatórias?

317 – De que trata a teoria política internacional?

318 – Quais os três modelos interparadigmáticos nas relações internacionais?

319 – O que é o SIPRI e onde funciona?

320 – O que foi a guerra fria?

321 – O que foi a cortina de ferro?

322 – O que foi a URSS?

323 – O que é OTAN?

324 – O que é a UE?

325 – O que foi a comunidade do carvão e do aço?

326 – O que que é o tratado acordo de Chengen?

327 -   O que foi o Pacto de Varsóvia diante das novas alianças depois do fim da URSS?

328 – O que o foi o Pacto de Minsk para a NOM?

329 – O que é guerra civil?

330 – O que foi a era dos ditadores?

331 – O que foi o Pacto de Moncloa para a reorganização da redemocratização do terceiro mundo?

332 – Como eram as cidades-estado na Grécia?

333 – O que foi a revolução Francesa?

334 – O que foi a Revolução Russa?

335 – O que foi a Revolução Cultural Chinesa?

336 – Quem foi Mao Tsé Tung?

337 – O que foi o episódio de Holodomor no discurso anti russo de Zelensky?

338 – O que é bolchevique?

339 – O que foi o exército branco na revolução russa?

340 – O que eram os Gulags na era soviética?

341 – Quem foi Fidel Castro?

342 - Qual o papel de Che Gevara na revolução comunista em Cuba?

342 – Quais os presidentes dos EUA que morreram assassinados?

345 – O que foi a guerra da Secessão nos EUA?

346 – Como eram as organizações nos condados dos EUA na era das treze colônias?

347 – Qual a importância dos puritanos na colonização dos EUA?

348 – Qual o motivo que levou à criação da lei seca nos EUA?

349 – O que é a Ku Klus Klan?

350 – O que é revisionismo?

351 – O que significa a primeira internacional comunista?

352 – Qual a relação entre a internacional socialista e o Foro de São Paulo?

352 – O que é FARC para a visão do socialismo do Fórun de São Paulo?

353- O que foi o Sendero Luminoso?

354 – O que foi os Montoneros?

355 – O que foi a POLOP no Brasil?

356 – O que era aparelho clandestino durante a ditadura?

357 – O que significa DOI CODI?

358 – O que foi a Coluna Prestes?

359 – Qual o objetivo das Revoluções de 1930, 1932?

360 – Com base nos ideais e princípios da igualdade e no altruísmo qual a chance do comunismo funcionar, porque as baleias livres nos mares estão em risco de extinção nos mares públicos, mas os bovinos não estão correndo risco

de extinção justamente porque são privatizados, faz sentido isso?

361 – Privatização é o mesmo que desestatização?

362 – A Petrobrás é uma empresa privatizada ou desestatizada?

363 – Como nasceu a instituição do Estado?

364 – Quantos e quais os tipos de estados que existem?

365 – Quais as formas de governos em vigor no mundo atual?

366 – Quais as formas de estados em vigor no mundo atualmente?

367 – Tudo o que é público é também privado?

368 – O que são bens públicos, bens coletivos, bens de mérito, e bens comuns?

369 – O que é a república?

370 – O que é contratualismo visto das perspectivas históricas e filosóficas de Hobbes, Locke e Rousseau?

371 – O que foi a Revolução Industrial de primeira ordem?

372 – O que foi a segunda Revolução industrial?

373 – O que foi a terceira Revolução Industrial?

374 – O que é capital Humano?

375 – O que é capital intelectual?

376 – O que é regime colonialista?

377 – O que é o PIB?

378 – Como funcionam as agências da ONU de controle de proliferação de armas químicas, biológicas e nucleares?

379 – O que é a teoria política e a militância ecológica do aquecimento global?

380 – O que é a teoria política e a militância do preservacionismo?

381 – O que é ativismo ecológico?

382 – O que é ativismo da diversidade sexual?

383 – O que é ativismo feminista?

384 - O que é o ativismo do FEMEN ucraniano?

385 – O que é ativismo judicial?

386 – O que é o neologismo extrema imprensa?

387 – O que é diversidade sexual?

388 – O que é Banimento da rede social?

389 – Quantas determinações do conselho de segurança da ONU foram vetados pelo EUA?

390 – Quando e quantas vezes os EUA desobedeceu às deliberações e decisões do conselho de segurança da ONU?

391- Quais as punições aplicadas aos EUA pelos organismos multilaterais de controle das relações internacionais das infrações cometidas pelo EUA, contra: GAT, OMC, OMS?

392 – Como nasceu a União Europeia?

393 – Qual o percentual de habitantes na terra que habitam o hemisfério sul?

394 – Qual o percentual de territórios secos que existe no hemisfério sul?

395 – Em quais países se concentram 90% das reservas de petróleo do mundo?

396 – Em quantos países se concentram 90% das reservas de nióbio no mundo?

397 – Em quantos países se concentram 90% das reservas mundiais de titânio do mundo?

398 – Quais os nomes dos fabricantes mundiais de turbomotores aeronáuticos atuais?

399 – Quais os fabricantes de turbomotores aeronáuticos do Ocidente?

400 – O que o mutilateralismo nas RI?

401 – O que é mundo multipolar?

402 – O que é o debate interparadigmático triangular nas RI?

403 – O que é mercado livre?

404 – O que é mercado?

405 – O que significa a expressão politicamente correto?

406 – Se é politicamente correto, quem define o que é ou não o correto, está escrito em algum compêndio existem essas regras onde?

407 – O que é sansão econômica unilateral?

408 – Quem foi Von Clausewitz o autor de Da Guerra?

409 – Como o Estado cuida da polícia de espionagem interna e da externa na estratégia nacional?

410 – Quantos estados estão totalmente situados no hemisfério Norte da terra?

411 – Quantos sistemas e modalidades de democracias sociais existem em vigor atualmente?

412 – Como funciona o sistema moderador do executivo desempenhado pelo parlamento em qualquer sistema político e de toda forma de governo?

413 – Como se exerce a dominação legal racional?

414 – Como o mundo se fez dividido entre esferas de influências opostas pela ideologia política?

415 – Qual a eficácia das normas do Direito Internacional para ter efeito coator sobre os governos e Estados nacionais sancionados pelas cortes bilaterais e mediadores de conflitos?

416 – O bloqueio de divisas unilateralmente exercido equivale a uma apropriação ilegal ou mesmo a um roubo material?

417 – O Islamismo constitui-se atualmente num sistema político ou religioso, ou ambos integrados?

418 – Os fatos históricos registrados são os únicos fatos possíveis e relevantes, ou existe outra fonte de informação assegurada e confiável cientificamente?

419 – Uma declaração de guerra torna a guerra legal ou ilegal sempre?

420 – O estado de guerra é regido por leis, convenções e acordos internacionais?

421 – O que é a Política?

422 – Quem regula os conflitos de interesse comercial nas relações internacionais comerciais?

423 – As decisões arbitrais podem não ser acolhidas pelas partes beligerantes que elegeram o árbitro comum?

424 – Quem inventou ou Estado nacional?

425 – Quem inventou o parlamento político?

426 – Quem criou o partido político?

427 – Quem inventou o governo nacional?

428 – Quem criou a primeira cidade?

429 – Quem criou as leis nacionais?

430 – Porque todos devem obedecer às leis que não criaram nem aprovaram?

431 – Quem deu ao Estado o poder e a exclusividade do uso legal de força bruta ou violência legal contra qualquer cidadão?

432 – Onde se concentra as maiores reservas de petróleo do mundo, em que países?

433 – Onde se concentram as maiores reservas de lítio do mundo?

434 – Onde se concentram as maiores reservas de nióbio do mundo?

435 – Porque os produtos primários são considerados produtos de baixo valor, exceto o petróleo?

436 – Porque os alimentos não obtêm preços de commodities de alto valor como o petróleo?

437 – Porque os países mais ricos fazem questão de produzir alimentos mesmo com custos - muito mais altos do que o custo de importação destes alimentos?

438 – Como é possível para a Suíça, Ucrânia, Dinamarca, produzirem mais chocolates que os países produtores de cacau, se não tem pés de cacau em seus territórios?

439 - Podem os cientistas condenarem o consumo de alimentos baseados em pesquisas que caminham junto com interesses estratégicos para sufocarem a economia de países produtores de alimentos que se quer punir a sua produção, como, por exemplo, como o acontecido com o açúcar cubano?

440 – Qual o país do mundo que mais se envolveu em guerras desde os últimos 200 anos?

441 – Onde terminam as narrativas e onde começa a História como estudo de documentos históricos

debaixo de uma linha analítica liberta de teleologia, ideologia, teologia e interesses estratégicos hegemônicos?

442 – Como podemos saber quem está falando a verdade nos noticiários das grandes cadeias de informação?

443 – Quem são as grandes agências de notícias no mundo e quando podemos confiar nelas?

444 – Depois da guerra do Vietnam o vocabulário político sofreu uma grande investida para ser adequar aos permanentes processos de condicionamento ou alinhamento do pensamento ocidental das grandes instituições multilaterais de controle do pensamento democrático, isso é, uma teocracia política cristianizada?

445 – São incompatíveis politicamente e economicamente as administrações e parlamento da União Europeia e a OTAN e o seu Conselho?

446 – Na antiga União das Repúblicas Socialistas Soviéticas e na atual República da China os meios de divulgação e de comunicação precisam de autorização previamente do Estado para fazer comunicações de naturezas: econômicas, políticas, partidárias, científicas, sociológicas e em vista disso, se compararmos com os sistemas de Fact Check, vocabulário politicamente correto, e militância sobre o entendimento do que seja diversidade sexual qual a diferença entre o momento atual e a censura revolucionária da Ex URSS e da China atual?

447 – O que foi a perestroika?

448 – O que foi a glasnost?

449 – O que significou a cidade polonesa de Gdansk para a igreja católica e para a Polônia?

450 – O que significou o partido polonês Solidarnosc?

451 – Que fez o sindicalista Lech Walesa pelo comunismo?

452 – Que foi a Globalização para a década de 1990, articulada pelo chamado Consenso de Washington?

453 – O que foi a Nomenklatura da ex URSS?

454 – O que foi a teoria neoliberal articulada pelo Consenso de Washington na década de1990?

455 – O que significou o Consenso de Washington para a Pax Americana?

456 – O que tem a ver a teoria do imperialismo de Rosa de Luxemburgo com a teoria da Dependência de FHC e Falleto?

457 – Qual a consequência da teoria da Dependência com o deslocamento das indústrias dos EUA para a China na década de 80?

458 – O que é a nova ordem mundial do século XXI?

459 – O que foi a ordem mundial da década de 1990 e qual a diferença para a NOM?

460 – Qual a agenda sociológica para os costumes da civilização mundial da NOM com relação ao

comportamento sexual e tolerâncias entre pessoas na sociedade?

461 – Qual o significado da nova postura da diversidade sexual na perspectiva política da NOM?

462 – Como o feminismo chegou na agenda comportamental da NOM?

463 – Como a teoria do aquecimento global impactou na tecnologia dos transportes na NOM?

464 – Como a teoria do aquecimento global impactou na produção de energia na matriz energética dentro da agenda da NOM?

465 – Como as fontes da chamada matriz energética renovável se insere nas demandas cada vez mais crescentes diante da NOM?

466 – Porque a UE quer proibir a produção de automóveis a partir de 2030 movidos por combustíveis fósseis exclusivamente?

467 – Seria possível substituir a produção anual de 100 milhões de automóveis movidos a combustíveis fósseis pela fabricação de automóveis movidos através de baterias elétricas de íons de lítio e motores de propulsão eletromagnéticos?

468 – Existem componentes na matriz de materiais minerais suficientes para a produção de 100 milhões de automóveis movidos exclusivamente a baterias elétricas produzidas com íons de lítio?

469 – Quantos e quais as formas de Estado e de governos que existem dentro do espaço da União Europeia?

470 – O que é o espaço de Chengen na UE?

471 – O que representou a antiga comunidade do carvão e do aço para a formação do conceito da União Europeia atual?

472 – O que foi o Brexit?

473 – O que é o NAFTA?

474 – O que foi a guerra das Falklands / Malvinas?

475 – Porque o Brasil chama o arquipélago das Falklands de Islas Malvinas?

476 – Existe um diagnóstico definitivo ou um acordo entre os estudiosos de economia política sobre os eventos da Crise econômica de 1929?

477 – A guerra de Yom Kippur definiu o papel do petróleo como arma política ou foi a guerra dos Seis Dias entre o Estado de Israel e os países árabes?

478 – O que significa a sigla BRICS e quem criou esse grupo?

479 – O que são os tigres asiáticos?

480 – A crítica da História é a História crítica, ou, uma releitura contingente dos fatos importantes?

481 – O que são commodities internacionais?

482 – O que são derivativos ?

483 – O que são os soberanistas?

484 – O que são os mísseis Sarmat?

485 – O que são os cruzadores hipersônicos Avangard?

486 – O que são os mísseis hipersônicos Kinzal?

487 – O que são os mísseis Yaris?

488 – O que são os mísseis anticarro javelin?

489 – O que significa a ponte fechando o mar de Azov?

490 – Foi a eleição de Biden legítima?

491 – O que significou a indústria Tesla para a economia internacional e para a tecnologia de automóveis autônomos e elétricos?

492 – A guerra fria foi apenas uma farsa para a visão do imperialismo, já que o fim da URSS nada mudou para a minimização da antipatia antieslava no Ocidente?

493 – Quem criou o termo guerra fria?

494 – Quem criou o termo cortina de ferro?

495 – Porque foi construído o muro de Berlim justamente dividindo uma cidade que ficou justamente do lado da Alemanha Democrática sob o território controlada pela ex URSS?

496 – Quando fez a revolução cubana, Fidel Castro era comunista ou socialista?

497 – Porque nunca se solucionou o assassinato do presidente dos EUA John Fritzgerald Kennedy?

498 – O que foi o acordo de Minsky?

499 – O que foi o Pacto de Varsóvia?

500 – Porque os EUA querem comprar petróleo do Irã e da Venezuela, justamente depois de aniquilar as exportações de petróleo de Irã e de Venezuela por motivos geopolíticos?